AF242201

PÉTITION

À LA CONVENTION NATIONALE,

SUR LA RÉVISION

*Des Articles IX et X, Section 4, de la Loi du
10 juin 1793 (vieux style),*

RELATIVE AUX COMMUNAUX.

Citoyens Représentans,

CE n'est que par de profondes méditations sur l'ensemble des principes de la sociabilité ; ce n'est que par le rapprochement de tous les rapports qui unissent les hommes entr'eux et tous à un centre commun , que nous parvenons à établir ou plutôt développer les grandes règles de la moralité et les bases de nos droits et de nos devoirs. Ce n'est de même que par l'application fidèlement uniforme de ces mêmes principes à tous les Citoyens et à toutes les Propriétés , que , dans l'ordre civil , nous parvenons à faire régner l'harmonie nécessaire au maintien du corps politique. Alors seulement tous les intérêts respectés conspirent d'une manière constante et toujours égale à la conservation de ce centre commun , où la force secondant la justice, assure à chacun ses droits. Alors seulement se crée d'une manière stable l'esprit public. Il est plus fort que l'intérêt particulier dans les hommes qui ont de la moralité : il est nul dans les hommes corrompus qui n'y trouvent que des obstacles à leurs prétentions. Delà, leurs efforts pour empêcher le retour à l'ordre dans le moment d'une régénération. Les Législateurs d'un grand Peuple ont sans cesse à lutter contr'eux. Couverts de tous les masques, ils entourent le sanctuaire des lois , pour multiplier les illusions à la faveur desquelles ils puissent trouver dans le nouvel ordre des choses l'absolution de leurs vices , et sauver , de ce qu'ils appellent un naufrage , le plus qu'ils peuvent des débris de leurs fortunes. De toutes les plaies faites aux droits du Peuple , la féodalité étoit la plus dangereuse. C'est celle dont les racines également profondes et disseminées ont été les plus difficiles à extirper. Les prétentions des féodaux s'étendoient à tout, le remède a dû être universel, ils ont mis tout en œuvre pour en arrêter l'efficacité : les talens leurs étoient depuis long-tems vendus, et d'énormes richesses étoient dans leurs mains. Comment au milieu de tant de pièges, le législateur , quoique toujours en garde, ne se laisseroit-il jamais tromper? Le mémoire ci-joint vous prouvera, Citoyens Représentans, l'influence que la féodalité a sû obtenir dans la confection de la loi du 10 juin 1793, sur le partage des biens communaux, vous y verrez comment en rendant justice aux Communes spoliées par des seigneurs, on a sû faire porter aux acquéreurs de bonne-foi, tout le poid de l'injustice nobiliaire ou féodale, toutes les fois que le terrein usurpé avoit été aliéné; vous verrez comment, dans l'art. IX section IV, on a laissé dans les mains du seigneur les rentes représentatives des fonds aliénés depuis plus de 40 ans, au lieu d'en faire jouir les Communes; vous verrez, dans l'art. X, que la restitution des fonds vendus depuis quarante ans, est toute entière à la charge des acquéreurs de bonne-foi, à qui on ne laisse qu'un recours incertain sur des hommes qui peuvent être morts depuis long-tems, et que le fief au titre duquel les prétentions avoient été formées, les partages des communaux exécutés, reste sain et sauf dans les mains du possesseur, tandis que le fief seul qui, selon la maxime des féodaux, attiroit tout à lui, doit être responsable de tout. Seul immuable par la nature des objets qui le constituoient, il doit rester garant des injustices de ceux qui l'ont possédé, ils peuvent s'être succédés à l'infini depuis que l'usurpation est consommée, que le dernier propriétaire en fasse la recherche et remonte jusqu'à celui de ses auteurs qu'il doit rendre responsable: mais que le Citoyen de bonne-foi, que le père de famille économe, qui n'a pris aucune part à l'entreprise soit paisible et tranquille au moment où la justice vient punir les tyrans et les usurpateurs, vous l'ordonnerez sûrement, Citoyens Représentans, en réformant la loi du 10 juin 1793.

Signé A. Dumont.

MÉMOIRE

Sur la révision des articles ix et x, section iv, de la Loi du 10 juin 1793 (v. s.), relative au mode de partage des biens communaux.

L'ARTICLE X de la section IV de la loi du 10 juin 1793, sur le partage des biens communaux, est ainsi conçu :

» A l'égard de ceux qui ne possèdent desdits biens
« communaux ou partie d'iceux, que depuis 40 ans,
« jusqu'à ladite époque du 4 août 1789 , il sera fait
« cette distinction entr'eux.

« Les Citoyens qui posséderont avec un titre légi-
« time et de bonne-foi , et qui ont défriché par leurs
« propres mains ou celles de leurs auteurs , les ter-
« reins par eux acquis et actuellement en valeur, ne
« seront tenus que de payer à la Commune, les rede-
« vances auxquelles ils s'étoient soumis envers le sei-
« gneur ou tous autres, s'ils ne s'en sont entiérement
« libérés par quittance publique.

» Les Possesseurs qui n'auront point de titres , ou
« dont le titre ne sera pas légitime ou régulier, ou qui
« les constitueroit en mauvaise foi , comme si les
« Officiers Municipaux avoient passé les titres sans
« le consentement des Habitans réunis en assemblée
« de Commune , comme si encore le ci-devant sei-

« gneur avoit stipulé pour lui la non garantie, etc.,
« de même que les acquéreurs qui n'ont fait défri-
« cher lesdits terreins que par les mains d'autrui, à
« leurs frais, ou qui les ont mis en valeur sans défri-
« chement, quelque soit leur titre, seront dépossé-
« dés desdits communaux, en tel état qu'ils soient,
» sauf la préférence qui leur sera donnée pour la pos-
« session de ces mêmes terreins, s'ils sont du nombre
« des co-partageans, en payant à la Commune le
« surplus de la valeur de leur lot, dûment estimé,
« sauf encore leur garantie envers le vendeur, s'il y
« écheoit. »

Il s'en suit que le Citoyen qui, de bonne-foi, et
sous la garantie des lois alors existantes, a fait l'acquisition d'une propriété de ce genre, perd sa propriété
et n'a qu'un recours difficile à exercer sur le vendeur.

Prouver que c'est une injustice, c'est démontrer
à la Convention Nationale qu'elle doit réformer la
loi en cette partie ; car la justice est à l'ordre du jour.

La loi sur les biens communaux, est un de ces objets qui méritent, par leur importance, toute l'atten-
tion du législateur, elle tend immédiatement à favo-
riser la partie du Peuple la moins fortunée, ce qui,
généralement parlant, tend au succès de la Révolution, et au développement des moyens d'Égalité,
qui en assure la durée, en divisant les fortunes, et
rendant propriétaires ceux qui, par leur travail jour-
nalier, n'auroient pu, que très-tard, aspirer à le de-
venir.

Mais il ne faut pas que ce motif fasse jamais passer
les bornes de la plus rigide justice. Ce n'est que sur
elle, comme il est solemnellement reconnu, que peut

s'asseoir, d'une manière invariable, l'édifice sacré
d'un Gouvernement et d'une Législation fondés sur
la nature et les principes éternels dont elle est l'application et le développement.

Que la tyrannie qui ne se soutient qu'en multipliant
ses appuis, qu'une faction qui ne domine que par le
nombre de ses partisans, fassent des sacrifices, c'est
dans l'ordre détestable de l'immoralité et du jeu des
passions qui ne s'alimentent que de succès achetés
à tous prix. Mais en décrétant que la justice et la ver-
tu étoient à l'ordre du jour, la Convention Nationale
a solemnellement annoncée qu'aux yeux du Peuple
Français, l'ordre social, fondé sur la nature, réprou-
voit tous les moyens désavoués par elle.

Rien dans ce systême n'est utile que ce qui est juste,
parceque ses fondemens sont dans la pratique de toutes les vertus, son organisation, l'ordre immuable de
la raison, sa perpétuité, l'inviolable attachement à
des principes invariablement uniformes pour les
personnes et pour les choses.

Or, c'est particulièrement dans le code des loix,
que se trouvent développés tous ces principes de l'é-
quité et de la justice, qui garantissent aux Citoyens
tous les avantages du contrat qui les unit et leur en
assure la jouissance.

Que le despote, le juge, l'administrateur, se per-
mettent une décision arbitraire, le mal qui en résulte
est en quelque sorte local et isolé ; leurs coups se bor-
nent à la victime, et ils ne sont pas toujours irrépa-
rables. Mais telle est l'étroite union qui doit régner
entre tous les Membres du corps social, telle est l'in-
timité des rapports qui unissent chacun d'eux à la

chose publique , qu'une loi qui s'écarte de la justice, blesse tous les intéréts , quand elle en blesse un seul. Il ne faut pas oublier que la République , étant toujours le plus grand propriétaire et plus grand consommateur , c'est sur elle , sous ce double rapport , que porte en derniere analyse , les plaies faites en apparence à la propriété privée.

Ce n'est donc pas seulement par les ravages de l'immoralité qu'elle favorise , ce n'est pas seulement par l'appas qu'elle offre à l'intrigue pour solliciter des loix par assimilation : c'est par son essence même qu'une loi injuste est destructive de l'ordre social , c'est parcequ'elle en attaque la nature même, ou plutôt parcequ'elle détruit le contrat dont le premier effet est la garantie de tous les intéréts privés co-ordonnés par des lois rigoureusement générales à l'intérêt public , ou plutôt parceque cet intérêt public n'est lui-même que le résultat de la garantie des intéréts privés , puisqu'il n'y a que cette garantie dont l'espoir crée les sociétés politiques , et dont la jouissance imperturbable en assure la prospérité et la durée.

Au moment où le Peuple s'est ressaisi de ses Droits, les législateurs ont dû prendre tous les moyens de l'en faire jouir. Trois momens ont dûs se présenter à leurs regards. Le *passé* , le *présent* et le *futur.* Réparer les injustices passées , par tous les moyens compatibles avec la justice, procurer les jouissances les plus prochaines, et préparer dans l'avenir le bonheur du Peuple qui leur avoit confié ce soin. Le despotisme et la féodalité créés pour son soutien, offroient de grands torts à réparer. Les Communes avoient été alternativement le jouet du tyran ou des féodaux, selon que le maître ou les seigneurs avoient besoin du Peuple, pour appuyer des prétentions. Il faut tout faire pour les Communes; dans ce sens, elles sont le Peuple Français. Toutes les mesures de gouvernement, toutes les loix civiles qui blessent leurs droits généraux, doivent être réformées.

C'est la rentrée naturelle du peuple dans les droits qui servent de base ou de motifs au contrat social, et la révolution nous a conduit à la confection de ce contrat primitif dont nous n'avions jamais eu qu'un simulâcre.

Mais il ne faut pas confondre les mesures à prendre relativement aux biens communaux possédés ou prétendus par quelques Communes, avec ces grandes mesures qui assurent les droits éternels et imprescriptibles du Peuple. Aux yeux du Législateur, la communauté d'habitans qui possède, ou a des droits à une propriété foncière, est une simple famille qui possède par indivis. Elle exerce ses droits contradictoirement avec d'autres sociétés semblables, ou avec des Citoyens propriétaires, ou avec la République. Dans ce sens, ces mêmes droits doivent être régis par les règles civiles établies pour toutes les propriétés sans distinction. Toute préférence seroit une injustice faite aux autres propriétaires. Tout raisonnement qui tendroit à faire appliquer les principes généraux des droits du Peuple au réglement de ces diverses propriétés indivises, seroit un sophisme. Le motif même qui semble solliciter quelque faveur, est démenti par la loi. On a dit qu'il falloit faciliter au Peuple les moyens d'être propriétaire, on a eu raison. Mais on ne prend pas garde que le propriétaire, même le plus riche propriétaire d'une Commune, s'il a le plus d'enfans, prend la plus forte portion dans le partage. Que la loi ne met et ne pouvoit mettre aucune borne dans un partage de sociétaires, qui avoient tous un droit égal.

Pourquoi donc l'homme riche viendroit-il prendre une grande portion dans le patrimoine du Citoyen qui, sur la foi des loix existantes alors, a acheté de bonne-foi le triage ou partie de triage d'un ci-devant seigneur, possédé par ce dernier, pendant un siècle, sans aucun trouble, triage confondu aux yeux de tout le monde avec ses autres propriétés patrimoniales, vendues de même, amélioré depuis par cet acquereur de bonne-foi, qui, au lieu de ce triage, pouvoit acheter le terrein voisin, vendu en même-tems et au même prix ? Pourquoi ce Citoyen peu fortuné, qui a acheté une partie de ce bien, qui y a fait construire une maison, sera-t-il privé du fruit d'un travail de 20, 30, 40 ans et plus, au profit de ce même homme riche qui, habitant d'une Commune, aura acheté, au même prix que lui, un terrein voisin, vendu le même jour et qui faisoit partie du domaine non inféodé ? Pourquoi, sur-tout les habitans des Communes ne tiendront-ils aucun compte des améliorations, et iront-ils par-tout prendre les ci-devant communaux dans l'état où ils se trouvent, tandis que les lois civiles n'accordent pas cette même faveur aux autres propriétaires, tandis que, par les loix faites depuis la Révolution, on a borné au mois de juillet 1789, l'exercice des droits les plus légitimes, dont les Citoyens avoient été privés par l'effet des loix antérieures ? Ainsi, quoiqu'il soit généralement reconnu que l'enfant de 16 ans est incapable d'une assez mûre délibération , pour contracter un engagement qui puisse le rendre victime le reste de ses jours , quoique cet engagement en lui-même soit déclaré contraire aux droits naturels et réprouvé par la déclaration solemnelle de ces droits ; cependant , ceux qui ont eu le malheur de prendre à cet âge le ci-devant état religieux , avant 1768 , sont réduits à n'exercer leurs droits civils , que sur les successions ouvertes depuis le 14 juillet 1789 , comme ceux qui l'ont fait avec plus ample connoissance de cause, et dans un âge plus avancé : et dans la réponse au 9e. article des questions sur le décret du 17 nivôse , la raison qu'on en donne, est l'*existance de la loi*, qui fixoit à 16 ans , l'âge déclaré compétent.

Si le respect pour une loi qui favorisoit la tyrannie des familles, pour qu'elles appuyassent à leur tour la tyrannie du trône, a pu déterminer les législateurs à priver des Citoyens de leurs droits , certes , une loi bien plus ancienne , autorisoit le partage des communaux entre les ci-devant seigneurs et les habitans : les uns et les autres pouvoient la réclamer, elle mettoit fin aux procès, qui, auparavant ruinoient les communes , par la protection ouverte aux féodaux dans les cours supérieures, composées de leurs semblables. Une foule de triages ont été faits en conséquence, ces triages, confondus avec les autres domaines non-inféodés , ont été souvent vendus et achetés , avec la même confiance de la part des acheteurs : pourquoi ces mêmes acheteurs , qui ont acquis sur la foi de la loi , et même après une possession tranquille de plus de cent ans, de la part des vendeurs , seront-ils dé-

possédés et privés de leurs améliorations, si leur acquisition ne remonte pas à 40 ans, antérieurement
au 4 août 1789 ?

N'est-ce pas donner à la loi un effet rétroactif réprouvé par les principes si souvent proclamés par la
Convention Nationale ? Que les Communes rentrent
dans tous leurs droits, *du jour où la féodalité a
été anéantie*, du 4 août 1789 ; qu'elles reprennent
dans les mains des usurpateurs ou de leurs descendans, ce qui s'y trouve ; qu'elles les *rendent res-
ponsables des aliénations faites à leur détri-
ment*, en leur faisant restituer, non-seulement le
prix reçu dans le temps de l'aliénation, mais la valeur
actuelle du fonds aliéné, et même un fonds de terre
équivalent, voilà ce que la justice prescrit, voilà les
Communes réintégrées dans leurs droits, voilà ces
propriétés rentrées dans l'ordre des autres propriétés civiles et soumises aux mêmes règles.

C'est ainsi que l'héritier naturel, privé par un tes-
tament injuste des droits du sang les plus légitimes,
rentre dans ses biens, s'il les trouve dans les mêmes
mains ; mais s'ils sont vendus, il en reçoit le prix, et
ne va pas troubler l'acquéreur de bonne-foi, qui a
acquis cette propriété sur la foi des loix existantes :
c'est ainsi que le religieux dans les successions ouvertes depuis le 14 juillet 1789, vient reprendre les choses dans l'état où elles se trouvent ; non pas dans les
mains des acquéreurs de bonne-foi, mais dans celles
des co-héritiers ou donataires ; et à défaut des objets
en nature, il en exige le prix.

La Convention Nationale, en réformant l'article
X, section IV, de la loi du 10 juin 1793, sur le partage

(13)

des communaux , remplira le vœu qu'elle exprime
dans l'article IX , en ces termes :

« L'esprit de la présente loi n'étant point de trou-
« bler les possessions particulières et paisibles, mais
« seulement de réprimer les abus de la puissance
« féodale et les usurpations. »

Si les acquéreurs *de bonne-foi* , qui n'ont pas une
possession quadragénaire , sont obligés de rendre les
biens dans l'état où ils sont , leur sort , semblable en
apparence à celui des usurpateurs, est dans la réalité
infiniment plus dur. En effet , il ne faut pas dans les
choses de pratique et d'un usage commun, s'en rap-
porter à des idées abstraites , il faut entrer dans l'ordre réel des choses, et les apprécier d'après ce qu'on
connoît et ce qu'on voit tous les jours. Eh bien , que
voyons-nous, et qu'avons-nous vu constamment par-
tout ? C'est que les petites propriétés sont en général
plus soignées que les grandes ; c'est que l'homme qui
n'a qu'une médiocre propriété, en fait son idole ;que
dans ses mains ou celles de ses locataires, il ne la perd
jamais de vue ; qu'il s'occupe sans cesse de son amé-
lioration : tandis que telle ou telle partie de communaux, dans les mains d'un ci-devant, est presque toujours , ou une mauvaise pâture , sur laquelle on pro-
mène un troupeau, ou un planti mal soigné. La loi,
en assimilant l'acquéreur *de bonne-foi*, qui n'a pas
une possession quadragénaire au seigneur usurpateur, arrache donc au Citoyen intelligent, économe
et laborieux , le fruit de sa constance , de son industrie imprimée sur chaque sillon , tandis qu'elle n'en-
lève à l'usurpateur qu'un champ stérile , qu'on ne
peut mettre en valeur que par des avances onéreu-
ses au pauvre qui en prendra une portion.

On répondra sans doute que la loi a prévu les in-
demnités dûes à l'acquéreur de bonne-foi, et qu'il
peut exercer la garantie stipulée dans son contrat.

Ici se présente la question de savoir à qui il est p'us
facile d'exercer cette garantie, de la Commune qui
rentre dans ses droits, ou du Citoyen qu'elle dépouil-
le, si la loi n'est pas changée.

Il est prouvé plus haut que, par assimilation aux
autres Citoyens qui rentrent dans leurs droits, les
Communes devroient exercer elles-mêmes cette garantie, et dire à l'usurpateur, *tu as vendu mon
bien, tu me dois un équivalent. Il existe ce
bien, il vaut tel prix, je dois le trouver sur les
autres propriétés.*

Par conséquent, y eût il plus de difficultés pour les
Communes à exercer cette répétition, si la justice
veut qu'elles soient chargées de la faire, la loi doit
leur faire porter cette charge.

Mais dans le système régénérateur adopté par les
Français, combien de motifs ne trouve-t-on pas
encore pour faire supporter cette charge à la Commune qui doit en recueillir le fruit ?

D'un côté, une Commune appelle le ci-devant seigneur devant des arbitres pris sur les lieux, le somme d'en nommer de son côté, et se fait rendre justice de l'usurpation, sans délai, sans déplacement,
sans frais, et letout pour procurer à chaque habitant
un surcroit d'aisance, sans rien perdre du passé.

D'un autre côté, un Citoyen dépossédé d'un fonds
qui étoit peut-être toute sa ressource, n'a à exercer
qu'un simple droit civil. C'est devant les tribunaux,
c'est dans le domicile même de son vendeur ou de

ses descendans qu'il est forcé d'aller à grands frais révendiquer une somme autrefois payée ; celui-ci ayant joui des fruits, ce n'est qu'avec une difficulté extrême qu'il pourroit parvenir à se faire payer le prix des améliorations successives, et faire distinguer celles qui appartiennent réellement au fonds, d'avec celles qui ont journellement augmenté ses jouissances.

La Commune, au contraire, par une simple estimation, trouve le prix de l'usurpation toute entière, et le fait rentrer sans difficulté.

Tout concoure donc, Citoyens Représentans, à laisser aux acquéreurs *de bonne-foi*, les parties des communaux dont ils jouissent *à titre légitime*, et à donner aux Communes le droit d'exercer leur réclamation sur le fief même, puisque c'est à ce titre que les triages ont été faits, et sauf aux derniers possesseurs des ci-devant fiefs à exercer tous recours sur les usurpateurs, partout où ils les trouveront.

— D'après les observations ci-dessus, on propose ainsi la rédaction des articles IX et X du décret du 10 juin 1793, (vieux style) :

Article IX.

« L'esprit de la présente loi n'étant point de trou-
« bler les possessions particulières et paisibles, mais
« de réparer les abus de la puissance féodale et les
« usurpations, elle excepte, des dispositions des arti-
« cles précédens, toutes concessions, ventes, collo-
« cations forcées, partages ; en un mot, toute pos-
« session depuis 40 ans et au-delà, à compter du 4
« août 1789, en faveur des propriétaires actuels ou
« de leurs auteurs, pourvu qu'ils soient autres que
« les acquéreurs volontaires ou donataires, héri-

« tiers où légataires du fief, à titre universel. *Et en*
« *ce cas, cependant, la rente représentative du*
« *fonds aliéné, qui seroit due au fief, appar-*
« *tiendra à la Commune, et lesdits posses-*
« *seurs seront tenus de lui en passer un titre*
« *nouvel, conforme aux loix rendues à cet*
égard, depuis le 4 août 1789.

Art. X.

A l'égard de ceux qui possèdent lesdits biens
communaux ou partie d'iceux, depuis et en
deça de 40 ans, à compter du 4 août 1789, il
sera fait cette distinction entr'enx :

1°. *Les Citoyens qui possèderont avec un*
titre légitime, et en même-tems de bonne-foi,
conserveront leur jouissance et propriété, à la
charge de remettre ès-mains des conseils géné-
raux des Communes, copie en forme de tous
les titres qui constatent l'étendue de ladite
propriété ci-devant Communale.

En ce cas, les Communes ont leur recours
sur le dernier propriétaire du fief, au titre du-
quel le triage aura été exercé et par suite aliéné
Pour l'exercice de ce recours, il sera fait une
estimation de la propriété communale alié-
née, et l'équivalent en nature sera pris sur le
domaine du ci-devant fief. A défaut de fonds
de terre suffisant, le prix de ladite estimation
sera payé par ledit propriétaire du fief, en
numéraire, et employé, autant que faire se
pourra, en Domaines nationaux propres à
entrer dans le partage à faire des biens de la-
dite Commune entre ses habitans.

Si le dernier propriétaire du fief, est autre que celui qui a fait l'aliénation, il pourra exercer, s'il y a lieu, toute action en garantie.

2. Dans le cas où un possesseur de bonne-foi n'auroit aucun titre, ou si ce titre étoit irrégulier, la Commune exerceroit de même son recours sur le fief ; mais faute de Domaine foncier, capable de remplir l'estimation de l'objet aliéné, la Commune rentreroit dans son ancienne propriété, sauf le recours du possesseur sur son vendeur ou ses héritiers, qu'il pourra appeller en cause, tant pour la répétition du prix principal, que des améliorations qu'il pourroit avoir faites.

3. Les possesseurs constitués en mauvaise-foi, soit par la nature de leur titre, soit par toute autre preuve suffisante, seront tenus d'abandonner à la Commune la propriété usurpée sur elle, et ne recevront aucune indemnité pour leurs impenses.

4. Cependant, le possesseur sans titre, ou avec un titre irrégulier, qui auroit défriché et cultivé de ses propres mains ou par celles de ces pères, depuis vingt ans, sans réclamation, un terrein de la consistance de deux arpens, qui, par les nouvelles loix, seroit reconnu communal, en conservera la propriété, sauf à les lui imputer sur sa portion et celles de ses enfans, demeurants avec lui, s'ils sont du nombre des co-partageans, s'il n'a pas d'ailleurs une propriété valant dix mille livres.

Tout ce qui auroit pu être fait de contraire

à l'art. X, ainsi rédigé, et par suite de la première rédaction du 10 juin 1793 (vieux style), sera regardé comme non avenu, et réglé en conformité du présent décret.

MOTIFS DE CHAQUE ARTICLE.

On a dû ajouter à l'article IX, que la rente seroit payée à la Commune, parceque si le fonds s'étoit retrouvé dans la main du propriétaire du fief, quelque ancienne que fût sa possession, il eut été obligé de le restituer : il est donc naturel qu'il perde la rente ou redevance représentative de ce fonds, et qu'elle contourne au profit de la Commune lézée par l'aliénation.

Dans l'article X, on laisse en possession le possesseur de bonne-foi et ayant un titre légitime, c'est mettre de l'uniformité dans le réglement des propriétés et dans le mode des répétitions à faire, par une suite de la Révolution et de la rentrée des Citoyens dans leurs droits naturels. En effet, en cas de vente, donation ou de partage des biens provenant d'une donation ou institution déclarées nulles, ou sur lesquels un enfant né hors mariage ou un ci-devant religieux déclarés successibles, ont aujourd'hui des droits; ces héritiers naturels, rappellés, sont obligés de prendre les successions dans l'état où ils les trouvent, et de se contenter du prix, quand l'objet est sorti des mains des donataires ou institués ou héritiers déchus. Pourquoi les propriétaires par indivis d'un héritage communal seroient-ils plus favorisés ? La crainte de porter le trouble dans les familles est un des motifs principaux qui, joint à la bonne-foi et à l'existence des loix alors en vigueur, a déterminé cette mesure.

Eh bien , dans l'hypothèse, il n'est pas seulement question de retirer les biens reconnus communaux des partages faits depuis cinq ans, mais depuis 10, 20, 3o , et même plus de 40 ans. N'est-ce pas porter le trouble dans les familles, occasionner des recours en garanties sur plusieurs générations, spolier certaines branches peut-être chargées d'une famille nombreuse , faire naître des procès et des haines que toutes les loix, depuis la Révolution, s'efforcent d'anéantir ?

Cependant, comme le bien des Communes, même sous le régne du despotisme , étoit regardé comme inaliénable , comme grevé d'une subtitution perpétuelle, on a cru devoir préférer une restitution équivalente en nature de fonds, à une restitution de la valeur en argent. Certes , si les despotes et leurs fauteurs cherchoient à peupler les campagnes , pour profiter des sueurs de ceux qui les habitoient ; s'ils ont cru devoir leur conserver par des loix qui avoient l'apparence de l'humanité , quelques foibles ressources pour avoir moins à leur fournir, dans le moment d'une régénération , nous ne devons voir que le bien de ces loix pour le maintenir et le faire contourner au profit des principes de l'égalité. Et nous aussi , nous attachons nos Frères des Campagnes , non à la glébe , mais à la propriété. C'est par le bonheur que nous les lierons au régime de la Liberté. Voilà pourquoi nous avons cru qu'il y avoit lieu de mettre cette différence entre les autres Citoyens rentrant dans leurs droits, et les Habitans des Communes dont on a aliéné le patrimoine.

Ainsi , dans le nouveau mode proposé , la Commune conserve tous ses droits : ses moyens de rentrée sont faciles ; toute la peine et la perte, s'il y en a, tombent sur le dernier propriétaire du fief.

Cette mesure n'est-elle pas de toute justice ? Si ce dernier est lui-même vendeur, il porte la peine de son entreprise sur la Commune ; s'il en est héritier ou donataire, il répare les injustices de ses auteurs. S'il est acquéreur, il a toujours le tort d'avoir préféré à plus haut prix une propriété qui le sortoit de l'état d'Egalité. Cette perte rentre dans celles des droits seigneuriaux. Au reste, on lui conserve tous les recours et garanties de ses contrats , et on lui en donne une nouvelle pour se faire restituer par le vendeur ou ses héritiers, le prix du bien communal. D'ailleurs, c'est à titre du fief que le triage a été fait et par suite aliéné. C'est donc au fief à en répondre , sauf à son dernier possesseur à exercer les recours que la loi lui accorde.

Les collocations forcées paroîtroient devoir faire exception. Cependant , il faut remarquer que les motifs s'étendroient jusqu'aux droits seigneuriaux éteints sur lesquels porte l'hypothèque des créanciers. D'ailleurs , ils ont les recours ci-dessus, d'après lesquels les pertes ne seront pas communes ni considérables , et ils ont contr'eux pour cette perte et celle dans les droits seigneuriaux , l'aveugle confiance avec laquelle en se livrant à des spéculations , ils exposoient leur fortune , en fournissant au luxe et à la prodigalité des ci-devant grands. Certes, l'intérêt de quelques créanciers colloqués et parmi lesquels se trouve des usuriers, des hommes payés trois fois, ne doit pas contre-balancer l'intérêt et la paix des familles économes et pures qui se sont partagées de bonne

foi un terrein acquis au prix des sueurs de leurs pères,
ni l'intérêt de ce père de famille, lui-même, qui me-
nage par ses soins son industrie et son travail, un patrimoine à ses enfans, en contribuant par les mêmes
moyens à la prosperité de l'agriculture ou du com-
merce, et qui s'est dans son acquisition conformé aux
loix lors en vigueur.

L'article X confondoit les acquéreurs de mauvaise
foi, les acquéreurs sans titre ou sans un titre régulier
et les acquéreurs de bonne-foi avec un titre légitime,
quand ils n'avoient pas défriché de leurs propres
mains. Certes, il est contre la justice que le père de famille, qui veut acquérir un fonds avec le fruit de ses
économies, qui achète de bonne-foi une propriété re-
connue par la loi et en suivant toutes les règles pres-
crites par elle, soit confondu avec le complice d'un
usurpateur ou l'homme qui s'est approprié sans titre
et sans droit un terrein qui, quoiqu'abandonné en
apparence, il sait bien ne lui pas appartenir.

En distinguant donc dans la nouvelle rédaction
chacune de ces classes, et terminant l'article par la
faveur accordée au possesseur sans titre qui a défriché de ses propres mains un terrein borné, s'il est en
outre peu fortuné, on croit avoir rempli autant qu'il
est possible tous les devoirs de la justice.

En effet, à la différence du possesseur de bonne-foi,
avec un titre régulier, les possesseurs de bonne-foi,
sans titre, ou ceux qui n'ont qu'un titre irrégulier, per-
dront quelquefois l'objet de leurs travaux et de leurs
économies: mais ils ont leur recours, tant pour le principal, que pour leurs améliorations. Les premiers
sont ainsi traités, à cause de leur bonne foi, ils sont

censés avoir traité de confiance ; et sous ce rapport, ils rentrent dans la classe de ceux qui ont un titre irrégulier. Dans les suites, il se trouvera que réellement ils ne sont pas traités aussi favorablement que ceux-ci ; car, comment exerceront-ils leur droit de recours, étant sans titre ? Mais, s'ils sont usurpateurs, ce que la Loi ne doit pas présumer, alors ils sont punis de leur crime ; s'ils ont acquis sans écrit, ce qui doit être arrivé rarement, ils se sont soustraits au joug des Loix, soit par intérêt, soit par ignorance, ils trouvent leur punition dans la difficulté de constater le prix déboursé et les améliorations faites. Dans tous les cas, la Commune ne perd rien, et chacun des possesseurs, de partie de son patrimoine, paye la responsabilité de son ignorance, de sa collusion non prouvée avec des prévaricateurs, ou de son aveugle confiance. Le possesseur de mauvaise foi perd tous ses droits, et rien n'est plus juste. Jamais le crime ne doit profiter à celui qui l'a commis ; et certes, quelque moyen qu'on prenne, autre que celui-là, il pourra arriver que le possesseur de mauvaise foi retirera quelque fruit de son usurpation ou de sa complicité avec les Officiers prévaricateurs des Communes.

On a terminé l'article par une exception générale en faveur de l'homme peu fortuné et industrieux, cette exception est conforme à plusieurs autres faites en cas à peuprès semblables, par la Convention. Toutes ces exceptions ont pour base de grands principes de l'ordre social, qu'il seroit trop long de développer ici, et ils doivent être appliqués toutes les fois qu'une cause favorable y donne lieu. Ici c'est

(23)

l'industrieuse activité qui reçoit sa récompense ;
l'état a profité des fruits d'un travail de 20 ans, sans
lequel la commune elle-même n'auroit trouvé qu'une
friche inutile.

Que l'on compare actuellement cette nouvelle
rédaction des art. IX et X de la loi du 10 juin 1793 ,
(vieux style), et il n'est aucun homme impartial ,
ami de la justice, qui ne lui accorde la préférence sur
l'ancienne. Les Communes rentrent dans tous leurs
droits , et le Citoyen paisible qui a acquis sur la foi
des loix civiles, est respecté. Les familles conservent
le fruit de leurs travaux, et la peine principale porte
toute entière sur les propriétaires de ces terres pri-
vilégiées , dont les titres conspiroient à l'envahisse-
ment de toutes les autres. Tout étoit fait pour plier
sous le titre alors imposant du fief. Tout en subissoit
le joug. Eh bien , que le fief répare ses antiques
usurpations.

REPRESENTANS ,

En adoptant cette nouvelle rédaction des articles
IX et X sect. 4 de la loi du 10 juin 1793 (v. s.) , vous
rendrez la justice due à la bonne-foi d'une infinité de
Citoyens qui ont acquis des ci-devant propriétaires
de fiefs , d'après les lois universellement en vigueur.
Vous éviterez le grand nombre de répétitions et recours qui vont avoir lieu dans les familles évincées.
Vous empêcherez ce choc d'intérêts croisés qui va
les diviser, par cette perte à laquelle personne ne pouvoit s'attendre, *après 10, 20, 40 années de travail,
d'améliorations et de jouissances, appuyés
d'un titre légitime.* Déjà la désolation est dans un
grand nombre de familles. Vous y maintiendrez la
paix, l'harmonie. Vous les attacherez à la Révolution et aux Lois.

BIBLIOTHÈQUE ROYALE
I

* 9 7 8 2 0 1 3 2 7 9 6 5 9 *